www.Erhardt-Pech.de

Erhardt Pech

Mit wenig Aufwand Geld verdienen!

Deutsche Erstausgabe

Bibliografische Information der Deutschen Nationalbibliothek:

Die Deutsche Nationalbibliothek verzeichnet diese Publikation in der Deutschen Nationalbibliografie; detaillierte bibliografische Daten sind im Internet über http://dnb.dnb.de abrufbar.

Autor: Erhardt Pech

© 2014 Michael Essing / Frank Wiebeler

Umschlaggestaltung: Michael Essing

Herstellung und Verlag: BoD – Books on Demand, Norderstedt

ISBN: 978-3-735743183

Widmung:

Dieses Buch ist allen gewidmet, die uns durch den Kauf des Buches bereichert haben.

Der Autor:

Erhardt Pech, geboren <u>im Agination</u> (Gebirge in Absurdistan), erfuhr bercits in frühester Kindheit <u>ein Bildung</u>sarmes Leben. Nach seiner Geburt verließ der Vater Morgana, seine Mutter. Diese hatte mit Erhard und seinen 2 weiteren Persönlichkeiten stets einen schweren Stand, da sie bei jeder demokratischen Abstimmung mit 3 zu 1 verlor.

Sein Durchbruch als Autor gelang ihm mit dem Werk: *„das er durch eine Scheibe warf.“*

Als erfolgreicher Autor arbeitet er in der Regel ohne Verlag und verlegt seine Bücher selbst. Inzwischen hat er schon 16 Bücher so erfolgreich verlegt dass sie bis heute niemand wiederfinden konnte!

Aufgrund seiner vielen Persönlichkeiten verfasst er seine Ratgeber stets in der Wir-Form. Seine anderen Persönlichkeiten werden von den meisten Medien jedoch totgeschwiegen, genau wie er selbst!

(Foto: Erhardt Pech in jungen Jahren)

Vorwort:

Es gibt viele Wege, mit wenig Aufwand Geld zu verdienen. Mit diesem Buch haben wir einen Weg umgesetzt!
Um an diesem Erfolge anzuknüpfen haben wir für Sie 55 Tipps zusammengetragen, die Ihnen helfen sollen, einen vergleichbaren Weg zu beschreiten.

Tipp 1:

Fangen Sie immer mit etwas Positivem an!
Wir haben durch ihren Kauf Geld verdient,
das ist positiv.

Tipp 2:

Wenn Sie mit wenig Aufwand viel Geld verdienen wollen, dürfen Sie beim Geld verdienen natürlich nicht zu viel Aufwand betreiben! Zum Beispiel wirkt ihr Buch dicker, wenn Sie es nur einseitig bedrucken.

Tipp 3:

Wenn Sie eine These nicht beweisen können,
stellen Sie diese einfach als Tatsache hin.

Diese Seite muss leer sein!

Tipp 4:

Um Arbeit zu sparen, motivieren Sie den Leser, das Buch selbst mit Inhalt zu füllen.

Tipp 5:

Bitte hier Tipp eintragen:

_____

_____

_____

Tipp 6:

Verwenden Sie Schlagwörter, die ihre Zielgruppe vergrößern.

SEX!

Tipp 7:

Um den Aufwand so gering wie möglich zu
halten, wiederholen Sie stellenweise den
Inhalt!

Tipp 8:

Statistiken erhöhen die Glaubwürdigkeit!

Statistik:

"Konnten Sie Ihre Einnahmen durch den Erwerb dieses Buch erhöhen?"

Ja — 100%

Nein — 0%

Vielleicht — 0%

Information zu diesen Daten:
Für diese Statistik wurde ein Autor befragt.
Mehrfachnennung möglich!

Quelle:
Der Autor

Tipp 9:

Um den Aufwand so gering wie möglich zu halten, wiederholen Sie stellenweise den Inhalt!

Tipp 10:

Ein Exemplar dieses Buches kann zum Ausgleich eines zu kurz geratenen Tischbeines genutzt werden. Ist das Bein mehr als 0,89cm zu kurz, kaufen sie bitte weitere Exemplare!*

* E-Book-Leser müssen die Höhe ihres E-Book-Readers beachten. Ein Nachkauf ist nur bei Besitz eines Zweiten Readers zu empfehlen.

#TOD*

* Durch den Einsatz eines Hashtags (#) bekommen
die Schlagwörter einen moderneren Anstrich.

Tipp 11:

Multiple Applikation komplexer oder kafkaesker Termini über das literarische Werk verteilt suggeriert substanzhaltigen Content und vermag dessen tatsächliche Irrelevanz beziehungsweise Obsoleszenz zu kaschieren.*

* Drücken Sie sich komplex aus, damit der Leser nicht merkt, wie inhaltsleer ihre Aussage wirklich ist!

Tipp 12:

Sobald der Leser merkt, dass er sein Geld für Nichts ausgegeben hat, muntern Sie ihn durch eine lustige Zeichnung wieder auf!

Tipp 13:

Scheuen Sie sich nicht, mangelnden Inhalt durch leere Seiten zu ersetzten.

*

* So wie hier!

Tipp 14:

Auch das Leerlassen mehrerer Seiten kann sinnvoll sein.

Machen wir aber nicht.

Ernsthaft, sowas muss nicht sein!

Statistik:

„Wird durch leere Seiten die Kreativität des
Lesers gesteigert ?"

Ja	100%
Nein	0%
Vielleicht	0%

Information zu diesen Daten:
Für diese Statistik wurde 0001
Papierfabrikant((inn)en) befragt.
Mehrfachnennung möglich!

Quelle:
Der Autor

Tipp 15:

Erhöhen Sie Ihre
Einnahmen durch
Product-Placements*

* Dieser Tipp wurde eingekleidet von
www.DerZugvogel.de

Tipp 16:

Motivieren Sie sich durch das Berechnen des Reingewinns pro verkauftem Buch. Wir haben zum Beispiel 1,06€ an ihrem Kauf verdient.*

* Klingt wenig, aber die Masse macht's!

Tipp 17:

Der Tipp muss noch auf sich warten lassen.
Wir bitten dies zu entschuldigen da wir uns
vor Freude über das ganze Geld noch die
Hände reiben!

Tipp 18:

Apropos warme Hände. Man kann mit
diesem Buch auch heizen!
(Gilt nicht für E-Book Leser.)

Tipp 19:

Je mehr Exemplare dieses Buches verkauft werden, desto wertvoller wird die darin beschriebene Methode. Prüfen Sie durch wiederholten Nachkauf, ob die Wertsteigerung Ihre Ausgaben wieder ausgleichen kann.

Tipp 20:

Sprechen Sie mit dem Cover Leser an, die den Inhalt des Buches erst nach dem Kauf hinterfragen.

Tipp 21:

Machen Sie sich bewusst, warum der zukünftige Kunde ihr Buch kaufen soll, indem Sie sich klar machen, warum Sie überhaupt dieses Buch gekauft haben!

#Jesus!

„In einem guten Buch sind die leeren Seiten oft die mit der größten Aussagekraft."
Johann Wolfgang von Goethe

Tipp 22:

Die fälschliche Zuschreibung eigener Gedanken als Zitat einer berühmten Persönlichkeit lässt sich schwer nachweisen und kann zur Unterstreichung der eigenen These beitragen. Das kann positiv auf den Absatz wirken.

„Die fälschliche Zuschreibung eigener Gedanken als Zitat einer berühmten Persönlichkeit lässt sich schwer nachweisen und kann zur Unterstreichung der eigenen These beitragen. Das kann positiv auf den Absatz wirken."

Thomas Mann

Tipp 23:

Zitieren unterliegt strengen gesetzlichen Vorgaben. Es folgt eine 3-seitige, nicht gedruckte Abhandlung zum Thema Zitatrecht:

Tipp 30:

Indem Sie Seiten in Ihrem Buch freilassen, erhöht sich die Relation von Ertrag zu Aufwand.

*

* Wir sagten Seite**n**!

Tipp 31:

Überspringen Sie Kapitel. Es wird dem Leser nicht auffallen. Oder ist Ihnen aufgefallen, dass wir vorhin von Tipp 23 zu Tipp 30 gesprungen sind?

Tipp 32:

Sparen Sie Geld, indem Sie für das Cover auf Familienfotos zurückgreifen.*

* Das Buch-Cover zeigt Erhardt Pech Junior.

Tipp 33:

Beachten Sie den wertvollen Tipp auf der nächsten Seite.

Tipp 34:

Beachten Sie den wertvollen Tipp auf der vorherigen Seite.

#Revolution!

Tipp 35:

Verzichten Sie auf dem Lektor, der krostet nur unnötik Gelt!

Tipp 36:

Für internationale Version Verwendung das
durch automatischen Übersetzerprogramm
Personal Kosten werden Einsparungen!

Tipp 37:

Bleiben Sie ehrlich!

Tipp 38:

Ehrlich gesagt, wussten wir nicht mehr, was
wir hier schreiben sollen.

Tipp 39:

Hier auch nicht!

Tipp 40:

Ein oder zwei Bier können sehr kreativitätssteigernd wirken!

Tipp 41:

aberüberdreibensiesnet!

Tipp 42:

Bauen sie die Zahl 42 ein, denn 42 ist die
Antwort auf alles!

Tipp 43:

Wer Druckerschwärze spart erhöht seine Einnahmen!*

* Hätten wir diese Seite ganz freigelassen hätten wir noch mehr gespart. **
** Zumindest diesen Kommentar hätte wir uns aber wirklich sparen können!

Tipp 44:

Nutzen Sie beim Druck Tintenpatronen
bis zum letzten Tropfen.

Bauen Sie unvorhergesehene
Wendungen ein

Tipp 46:

Wenn Sie noch immer zweifeln, dass man mit einem überwiegend leeren Buch Geld verdienen kann, müssen Sie sich bewusst machen, dass Sie mit dem Kauf dieses Buches bereits bewiesen haben, dass es möglich ist!

Statistik:

"Würden Sie dieses Buch weiter empfehlen?"

Ja	11%
Nein	19,5%
Vielleicht	36,25%
Erst ab dem Zweiten Bier	29,25%
Nicht an Freunde	24%

Information zu diesen Daten:
Für diese Statistik wurde eine unbestimmte Anzahl an Lesern befragt.

Quelle:
Der Autor

Tipp 47:

Betreiben Sie nicht zu viel Aufwand bei der Prüfung von Fakten.*

* Der Leser prüft zumeist auch nicht, oder ist Ihnen aufgefallen, dass wir 120% der Leute befragt haben?

Tipp 48:

Um den Aufwand so gering wie möglich zu halten, wiederholen Sie stellenweise den Inhalt!

Tipp 49:

Denken Sie immer daran: Wichtig ist nicht, was im Buch steht sondern, dass es gekauft wird!

Tipp 50:

Manchmal ist es besser, nichts zu sagen.

Tipp 51:

Oft reicht ein einziges Wort pro Seite, um
dem Leser über mehrere Seiten glaubhaft zu
machen der Rest der Seite müsse leer sein.

Notizen

Notizen

Tipp 52:

Kommen Sie irgendwann zum Ende und ziehen Sie das Buch nicht unnötig in die Länge!

Dramaturgische Pause!

Tipp 53:

Hier verwiesen wir nochmal auf die Dringlichkeit von Tipp 52. Bitte beherzigen Sie diesen Ratschlag wirklich!

Tipp 54:

Die Ankündigung einer Fortsetzung generiert
Kaufinteresse für den zweiten Teil.

#Fortsetzung folgt...

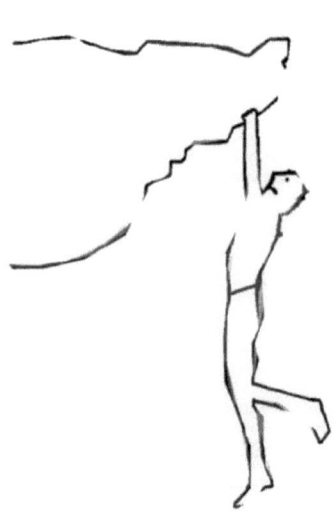

Tipp 55:

Ein Cliffhanger erhöht diesen Effekt!